ASSOCIATION

POUR LA DÉFENSE

DE LA RELIGION CATHOLIQUE.

PARIS. — IMPRIMERIE D'AD. LE CLERE ET Ce,
quai des Augustins, n° 35.

DE

L'ESPRIT DE CORPS

ET DE

L'ESPRIT DE PARTI,

SUIVI DE

QUELQUES RÉFLEXIONS

SUR L'ÉCRIT DE M. COTTU : *DES MOYENS DE METTRE LA CHARTE EN HARMONIE AVEC LA ROYAUTÉ.*

Par M. le Vicomte de Bonald,

PAIR DE FRANCE, MEMBRE HONORAIRE DU CONSEIL GÉNÉRAL DE L'ASSOCIATION POUR LA DÉFENSE DE LA RELIGION CATHOLIQUE.

Les sages le prévirent ; mais les sages sont-ils crus en ces temps d'emportement, et ne se rit-on pas de leurs prophéties ?

BOSSUET, *Oraison funèbre de la reine d'Angleterre.*

PARIS.

AD. LE CLERE ET Cᴵᴱ, IMPRIMEURS-LIBRAIRES,

QUAI DES AUGUSTINS, Nᵒ 35.

ÉDOUARD BRICON, LIBRAIRE,

RUE DU POT DE FER, Nᵒ 4.

—

1828.

DE

L'ESPRIT DE CORPS

ET DE

L'ESPRIT DE PARTI.

L'ESPRIT de corps et l'esprit de parti sont deux esprits différens et même opposés.

L'esprit de parti est, comme le dit le mot de parti (1), l'esprit particulier d'une partie, d'une fraction d'un grand tout; et les partis religieux ou politiques ne sont que des fractions ou des *sectes* de la société.

L'esprit de corps est l'esprit général du corps tout entier.

L'esprit de parti divise et dissout; l'esprit de corps réunit et affermit, et l'on peut dire qu'un corps sans esprit de corps est un corps sans ame. Venons aux exemples.

La chambre des députés est divisée en quatre partis ou parties, deux côtés et deux centres, quelquefois momentanément réunis deux à deux, habituellement divisés.

Chacun de ces partis a son esprit particulier, et il ne peut en être autrement.

La chambre des députés ne fait pas et ne peut pas faire un vrai corps politique. Elle n'a rien d'héréditaire; elle ne se renouvelle pas individuellement, mais périodiquement et intégralement. Les nouveau-venus, étrangers les uns aux autres et à ceux qu'ils remplacent, y portent chacun leur esprit, leurs opinions, leurs intérêts, leurs vues, et les partis se groupent différemment : on en a eu la preuve dans cette session. C'est ce que les libéraux ont senti; et plus habiles en politique démocratique que leurs adversaires ne le sont en politique monarchique, pour avoir à eux un

---

(1) En latin *partes* signifie la même chose. *Cæsaris partes*, le parti de César.

contre-poids avec lequel ils puissent balancer l'influence de
la chambre des pairs, c'est-à-dire l'anéantir (car tous leurs
projets sont des projets de destruction), ils ont fait un corps,
un vrai corps politique, non des élus, mais des électeurs;
corps redoutable par sa *permanence* et son étendue, et qui
reçoit une action universelle et instantanée d'un comité di-
rigeant siégeant à Paris, dont les instructions et les ordres
sont fidèlement transmis par ses journaux. Nous reviendrons
ailleurs sur cette création.

La chambre des pairs est un corps politique, toujours
vivant, puisqu'il est héréditaire; toujours le même, puisqu'il ne se renouvelle qu'individuellement; ou plutôt il ne
se renouvelle pas, il se continue, et le fils prend la place
du père.

La chambre des pairs peut donc, doit donc avoir un esprit
général, un esprit de corps, et l'esprit de parti seroit mortel
pour son autorité, pour sa dignité, et tôt ou tard peut-être
pour son existence.

Voyez nos anciens parlemens. L'esprit de corps les avoit
élevés au plus haut degré de considération et de puissance.
L'austérité de leurs antiques mœurs, l'équité, la sévérité
même de leurs arrêts (premier moyen de popularité pour des
magistrats), la liberté de leurs remontrances, surtout leur
attachement à la royauté, même lorsqu'ils étoient en opposition avec ses ministres, leur avoient donné un poids immense dans la constitution de l'État; et lorsque, dans les
temps anciens, ces grands corps citoient, comme cour des
pairs, à comparoître devant eux des souverains feudataires
de la couronne, nul autre corps politique que le sénat ro-
main ne pouvoit leur être comparé.

Sous les règnes foibles, ils prenoient plus d'autorité; quand
le chef de la maison ne gouverne pas, il faut que quelqu'un
gouverne à sa place : mais ils empêchoient toute usurpation
du pouvoir royal, sans qu'il leur fût jamais possible de l'usur-
per eux-mêmes. Sous les règnes forts, ils rentroient dans
leurs limites, et leur pouvoir devenoit inutile quand le roi
exerçoit le sien.

Mais l'esprit de parti, d'abord calviniste, puis janséniste,
enfin philosophiste, s'y étoit introduit, et ce grand corps,
déjà affoibli par les doctrines funestes qui le travailloient
depuis long-temps, est tombé à la première secousse en en-

traînant l'État dans sa chute. Cette chute, entr'autres causes, a été amenée par l'effervescence de la jeunesse, dont l'indocilité naturelle, l'imagination inflammable, et le caractère facile et ouvert à toutes les nouveautés, trouvent leur pâture dans l'esprit de parti. Les jeunes magistrats, que l'on appeloit la *cohue des enquêtes* (et M. Pasquier en a fait récemment la remarque à la chambre des pairs); ces jeunes magistrats, devenus mondains et philosophes, l'ont emporté sur la sagesse, la gravité et l'expérience des conseillers de *grand'-chambre* : sort inévitable de tout corps politique qui se laisse entraîner par ceux de ses membres dont l'âge n'a encore ni formé l'expérience, ni modéré l'ardeur. Ainsi l'homme hâte sa fin, lorsqu'il se laisse entraîner, dans l'âge mûr, par les goûts et les passions de la jeunesse.

Les nations ont aussi leur esprit de corps, qu'on appelle l'esprit public, principe de leur force de résistance et de leur stabilité, et dont ce qu'on nomme aujourd'hui *l'opinion publique* n'est, si l'on me permet cette expression, que la *caricature*. Il y avoit beaucoup de cet esprit public en France avant la *réforme*, qui l'a divisée en deux partis, religieux et politique. L'Espagne et le Portugal, qui ont échappé à ce fléau, ont montré, dans ces derniers temps, beaucoup d'esprit public, et les évènemens l'ont prouvé. Il s'y est, à la vérité, manifesté quelque esprit de parti politique que nos journaux, nos livres et nos intrigues y ont porté ; mais celui-là cède au temps et à la sagesse du gouvernement beaucoup plus tôt que l'esprit de parti religieux.

Il y a de l'esprit de corps dans la chambre des pairs d'Angleterre. Si l'on aperçoit dans quelques membres de l'esprit de parti démocratique et un vain désir de popularité, ce mauvais levain n'a pas encore infecté la masse ; et récemment cet esprit de corps, qui dans une chambre des pairs ne peut être que monarchique, a repoussé de l'administration les *Whigs*, qui, comme les nôtres, toujours avides d'un pouvoir qu'ils ne savent pas exercer, impatiens d'en jouir parce qu'il leur échappe, n'en ont jamais fait et n'en feront jamais qu'un instrument de désordre et de tyrannie.

La chambre des pairs d'Angleterre est forte de son antiquité, de son origine contemporaine, de la royauté, forte du nombre de ses membres, forte de ses richesses, non pas tant personnelles (le commerce et l'industrie en possèdent aujourd'hui de plus considérables) que féodales, et qui lui donnent une grande influence sur le peuple des campagnes et sur la composition de la chambre des communes.

La pairie française n'a, du moins jusqu'à ce jour, aucun de ces avantages. Récemment sortie du chaos révolutionnaire, elle n'influe en rien sur le choix des députés ; le plus grand nombre de ses membres est pensionné par l'État, et sa dotation même est tous les ans discutée à la chambre élective et votée par elle : enfin la fortune des plus opulens, toute personnelle, ne sert qu'à leur procurer des jouissances de bienfaisance ou de luxe, et ne leur donne des relations qu'avec les fournisseurs de leur maison.

La chambre des pairs a donc plus besoin encore que celle d'Angleterre d'esprit de corps, et un bon esprit de corps peut seul lui conserver les avantages dont elle jouit, et lui faire acquérir avec le temps ceux qui lui manquent.

La pairie doit, avant tout, connoître ce qu'elle est. Les pairs sont *pairs* de la royauté. La constitution l'a ainsi voulu, puisqu'elle leur a conféré une portion du pouvoir législatif *héréditaire*, qui est l'essence même de la royauté, et que jusqu'à ces derniers temps on avoit regardé, du moins en France, comme son attribut incommunicable.

Le premier caractère de l'esprit de corps de la pairie, comme son premier devoir et son premier intérêt, sont donc de défendre la royauté et tout ce qui lui appartient légitimement, surtout la religion catholique, hors de laquelle, je ne crains point de le dire, il n'y a point de salut en France pour la monarchie (1).

Si la pairie abandonnoit la royauté, et la livroit ainsi à ceux qui l'attaquent avec tant d'astuce et de persévérance, on peut dire qu'elle se rendroit coupable à la fois de parricide et de suicide, puisqu'elle se détruiroit de ses propres mains en laissant détruire le pouvoir qui l'a créée.

En travaillant à l'affermissement du pouvoir royal, la chambre des pairs travaille donc pour elle-même, pour l'accroissement de son autorité et de sa dignité. C'est en effet dans ce désir d'accroissement que se montre surtout l'esprit

---

(1) On n'a pas oublié le mot de l'homme le plus habile qu'ait eu la révolution, Mirabeau, il faut *décatholiser* la France pour la *démonarchiser*, et *vice versâ*.

de corps ; désir au reste naturel à tout corps organisé, qui décline aussitôt que son accroissement est fini. Je sais que dans cette tendance à s'accroître se trouvent aussi les abus et les dangers ; mais c'est à la couronne à la contenir dans de justes bornes, et à la faire servir aux vrais intérêts de l'État et de la pairie elle-même. Mais, je le répète, ce désir d'accroissement est, dans tout corps politique, une tendance naturelle, et qui l'empêche de s'affoiblir et de déchoir, ne dût-il jamais le satisfaire ; et il ne doit pas se laisser détourner de ce but par les passions ou les vues personnelles de ses membres. On peut même avancer que moins les pairs sont mêlés à l'administration de l'État, mieux la pairie peut défendre le gouvernement ; semblable à ces arcs-boutans qui n'appuient jamais mieux un édifice que lorsqu'ils le soutiennent de plus loin.

Il est permis d'examiner, dans l'intérêt de la pairie, si c'est l'esprit de corps qui en a dicté les dernières résolutions dans la session qui vient de finir, et qui fera époque. Et non-seulement je crois cela *permis,* mais je pense même que l'esprit de corps, qui existe aussi pour chaque membre individuellement, lui fait un devoir de dire avec loyauté au corps auquel il a l'honneur d'appartenir, ce qu'il regarde comme des vérités importantes, et qui lui paroissent intéresser son existence et sa dignité.

Il faut être peu pour administrer, et de là vient que les corps chargés de l'exécution des lois cherchent, autant qu'ils le peuvent, à se rapprocher de l'unité, en confiant cette exécution à un comité peu nombreux, dont ils se réservent la direction et la surveillance.

Il faut être beaucoup plus nombreux pour délibérer, et dans un corps uniquement délibérant, comme la chambre héréditaire, le nombre des membres doit être en quelque rapport avec le nombre et l'importance des affaires soumises à ses délibérations, avec la population du pays dont elle règle les intérêts, et avec la force de la chambre élective, qui n'a pas les mêmes intérêts et pas toujours les mêmes opinions, et qui peut se trouver en conflit et en collision avec la chambre héréditaire.

Ces motifs ont pu faire juger au Roi que la chambre des pairs n'étoit pas assez nombreuse. La Charte lui donnoit le droit, sans condition et sans restriction, d'y ajouter de nouveaux membres; il en a usé comme son prédécesseur. Quelques vanités, peut-être quelques opinions s'en sont offensées. Les uns ont cru que leur considération personnelle en recevroit quelque atteinte; les autres, que la majorité passeroit à une opinion différente. Ce n'étoit pas, je crois, l'orgueil de la naissance qui repoussoit ces nouveaux collègues; car outre qu'il y avoit dans les nouveaux pairs d'aussi beaux noms que dans les anciens, si tous les pairs d'Angleterre ne datent pas de la bataille d'*Hastings,* tous les pairs de France ne datoient pas non plus de l'invasion des Francs. D'ailleurs, avec une constitution d'État telle que la nôtre, la naissance n'est plus qu'un souvenir, et n'est pas une dignité. Mais quel qu'en ait été le motif, les nouveaux pairs n'ont pas reçu à leur entrée un accueil très-amical, et dans les discussions qui se sont élevées, n'ont été entendus qu'avec défaveur. L'esprit de parti a pu faire de cette création de pairs un sujet d'accusation contre les ministres; l'esprit de corps ne leur en auroit pas fait un sujet de reproche, lorsque le choix du Roi ne tomboit que sur des hommes monarchiques.

Il auroit jugé, cet esprit de corps, qu'à l'égard de la chambre des pairs (comme de tout corps délibérant), une augmentation proportionnée à ses occupations, à sa position vis-à-vis de la chambre élective, et à la population du pays, ne pouvoit qu'ajouter à sa force; que trois cents pairs, dont un grand nombre sont toujours absens pour le service public, n'étoient pas trop pour une population de trente millions d'ames, pas trop pour des sessions annuelles de six mois, auxquelles tous les membres de la pairie ne peuvent assister jusqu'à la fin sans une extrême difficulté; pas trop pour défendre le pouvoir royal contre une chambre élective où les lois nouvelles sur les listes électorales et la liberté des journaux assurent à l'avenir une majorité démocratique, et dont ces mêmes lois rendent si difficile et si périlleuse la dissolution par la royauté. Il auroit considéré, cet esprit de corps, que la pairie, jusqu'ici concentrée presque toute entière dans la capitale, acquéroit par cette création une base plus large, et étendoit ses racines dans tous les départemens; que c'étoit après tout des intérêts du corps qu'il falloit s'occuper, et que ce n'étoit pas des préventions personnelles qu'il falloit écouter. Il auroit accueilli les excellentes raisons qu'ont données les orateurs de la minorité. Il n'auroit pas accepté, du moins sans de nombreux amendemens, les résolutions de la chambre élective sur les questions vitales des listes électorales, de la liberté de la presse périodique, de l'interprétation des lois, etc., etc. La chambre des pairs n'auroit pas ainsi cédé à l'impulsion de la chambre des députés, et elle n'auroit pas souffert ce qu'une cour royale ne souffriroit pas de la part d'un tribunal de première instance, que cette chambre commençât, sans la terminer, une action judiciaire contre des fonctionnaires publics justiciables de la cour des pairs, et abandonnât ainsi, ou retînt pour la reproduire à sa volonté, une accusation acquise à la chambre des pairs par la prise en considération et les conclusions du rapport.

Le parti libéral voyant, comme nous l'avons déjà dit, qu'il n'étoit pas possible de faire un corps d'une chambre élective renouvelée en totalité, et dissoluble à la volonté du Roi, ni par conséquent de lui donner une direction assurée et fixe, c'est-à-dire, un esprit de corps qui pût remplir toute l'étendue de ses projets, et balancer au moins par sa force numérique l'influence de la chambre héréditaire, le parti libéral a imaginé de faire un corps de tous les électeurs. D'avance il a placé dans ce corps *l'origine de la souveraineté*, en attendant qu'il pût y en placer l'exercice, et les journaux libéraux l'ont déjà appelé *le pouvoir originaire*. Il a fait un corps de tous les électeurs, à peu près comme, dans un temps d'égarement, les parlemens voulurent faire *une classe* de tous les grands corps de magistrature. Ce corps compact a été réuni sous la direction d'un comité central séant à Paris, et dont nous avons vu que des comités partiels ou secondaires dans tous les départemens reconnoissoient l'autorité et prenoient les ordres. Rien de mieux imaginé pour le but que le parti s'est proposé. Les électeurs, ainsi organisés en institution permanente, font un véritable corps politique, et en ont tous les caractères : plus héréditaire que la chambre des pairs, puisque l'héritier, quel qu'il soit, direct ou collatéral, prochain ou éloigné, tant qu'il paie le même cens, succède au titulaire actuel; plus propriétaire que la chambre des pairs, puisque les électeurs, tous nécessairement propriétaires (condition qui n'est pas de rigueur pour la pairie), sont environ trois cents fois plus nombreux; plus indépendant que la chambre des pairs, puisqu'il ne tient rien du pouvoir royal, et que les pairs, tous nommés par le Roi, en dépendent au moins par la reconnoissance ; plus permanent enfin que la chambre des pairs, et qu'on peut regarder comme toujours présent, puisqu'il est représenté dans l'intervalle des élections par un comité général et des comités particuliers qui soignent ses intérêts, lui dictent leurs opinions et leurs choix, et dirigent ses opérations.

Ce corps monstrueux, s'il s'affermit, sera, qu'on n'en doute pas, la pairie de la souveraineté du peuple. Déjà un journal, prévoyant ses hautes destinées, l'a salué du nom d'*aristocratie populaire,* et je n'hésite pas à croire qu'avant peu, en présence de cette aristocratie, quoique sans hermines et sans broderies, l'aristocratie royale de la pairie sera totalement éclipsée.

L'esprit de corps, le plus jaloux et le plus prévoyant de tous les esprits, auroit repoussé cette création colossale, vrai cheval de Troie, qui porte dans ses flancs la ruine de la France. Un autre esprit l'a adoptée, malgré tout ce qu'ont pu dire de judicieux, de politique, de profond, d'éloquent, les orateurs de la minorité, et la majorité n'a pas paru alarmée de voir à l'avenir une chambre des députés qui, grâce à la loi électorale, à la licence des écrits périodiques et aux manœuvres du parti, sera presque uniquement composée de ses adhérens, si même les royalistes consentent à se présenter aux élections.

Le Roi, usant du droit que la Charte lui reconnoît, avoit, à l'exemple de son prédécesseur, établi momentanément la censure préalable, et en en confiant la haute direction à des membres de la pairie, il s'étoit interdit à l'avenir de la placer ailleurs.

L'esprit de corps auroit apprécié l'importance de cette acquisition, qui mettoit aux mains de la pairie la surveillance et la direction de la puissance la plus redoutable qui puisse exister chez des hommes civilisés, celle de la presse ; et la chambre des pairs auroit très-légitimement exercé dans l'intérêt de la royauté, de l'État tout entier, de la pairie elle-même, des fonctions que le Roi avoit pu très-légitimement aussi lui conférer.

Un autre esprit que l'esprit de corps a non-seulement repoussé ce bienfait, mais il s'est offensé comme d'une injure que le Roi ait confié à des membres de la pairie le pouvoir de rendre un immense service à la religion, à la royauté, au public, aux particuliers, à la France, à l'Europe elle-même, en contenant dans de justes bornes la liberté de la presse. La chambre des pairs a donc voté sans amendement la loi qui ôte au Roi le droit de lui confier, dans de graves circonstances, la direction suprême de la censure, et celui d'autoriser lui-même la publication des journaux; bien plus, avec un désintéressement parfait, elle a abandonné à la magistrature cette haute direction de la presse (car réprimer, c'est diriger), et elle a ainsi, de ses propres mains, investi les tribunaux d'un pouvoir politique qui met à leur disposition la dignité du Roi ou des chambres, la tranquillité de l'État, l'honneur des particuliers, le respect dû à la religion et à la morale, c'est-à-dire, tout ce que des écrits attaquent journellement sans ménagement et sans pudeur.

Et qu'on ne dise pas qu'il en est de même en Angleterre où les excès de la presse sont réprimés par des jugemens; car, outre que les juges anglais ont, sur la qualification des écrits et la détermination des peines, un pouvoir discrétionnaire que notre loi répressive, qui ne réprimera rien et ne peut rien réprimer, n'accorde pas à nos tribunaux, les juges en Angleterre n'ont jamais eu de pouvoir politique, et ils n'ont pas, comme nos corps de magistrature, des souvenirs et des regrets de grandeur passée, qui peuvent, suivant les circonstances, les porter à rivaliser de pouvoir avec le gouvernement, et quelquefois à lui refuser un appui.

L'esprit de corps, toujours en garde contre tout ce qui peut menacer, même dans l'avenir le plus éloigné, la considération du corps, sa légitime indépendance ou son existence politique, auroit porté une attention toute particulière à cette ordonnance, provoquée ou exigée par le parti libéral, qui, pénétrant dans le for intérieur, soumet, sous peine d'interdiction de leurs fonctions, des hommes voués à l'éducation de la jeunesse, sous l'autorité des supérieurs légitimes, à la déclaration qu'ils ne sont pas engagés dans telle ou telle pratique de religion; et outre que *la chambre des pairs* auroit pu y voir une violation ouverte de la liberté des cultes garantie par la loi fondamentale, et une torture inutilement infligée aux consciences, elle auroit pu y trouver aussi une malheureuse ressemblance avec ces lois du *test* et de *suprématie,* qui ont servi en Angleterre à décimer la chambre des pairs en excluant de son sein les pairs catholiques (et déjà, dans une autre circonstance, l'auteur de cet écrit en avoit averti la chambre des pairs). Elle auroit respectueusement supplié le Roi, dans l'intérêt de la constitution de l'État, et dans le sien propre qui en est inséparable, de rapporter ou de modifier ces menaçantes ordonnances, et en même temps qu'elle auroit veillé à ses propres intérêts, elle se seroit honorée en étendant sa noble protection sur des familles nombreuses et respectables frappées par ces ordonnances dans ce qu'elles ont de plus cher.

Nous venons d'indiquer ce qu'auroit dû faire l'esprit de corps..... On a vu ce qu'a pu faire ou tolérer un autre esprit, et les alarmes de tous les hommes monarchiques, d'un bout de la France à l'autre, le disent assez haut. Que la chambre des pairs n'ouvre pas l'oreille à la flatterie, car elle a des flatteurs; et comme elle partage les prérogatives de la royauté, elle en partage aussi les inconvéniens. *Pessimum inimicorum genus, laudantes,* a dit Tacite. Qu'elle écoute plutôt la voix sévère de ses amis, et même les critiques quelquefois injustes et passionnées de ceux qu'elle pourroit croire moins bien disposés en sa faveur. Un magistrat de la cour royale de Paris, distingué par son esprit et ses connoissances, a traité de grandes questions politiques dans ses *Moyens de mettre la Charte en harmonie avec la royauté*. M. Cottu aime la royauté, sinon par sentiment, au moins par une raison profonde et une intime conviction de sa nécessité; et si un moraliste a dit que « les grandes pensées viennent du cœur, » on peut dire avec autant de vérité que les grandes et légitimes affections viennent de la raison. Ce que dit M. Cottu sur la royauté fait autant d'honneur à son jugement qu'à son esprit; mais il a eu le malheur de montrer dans son ouvrage de l'indépendance et de l'impartialité, et les libéraux, qui le comptoient dans leurs rangs et le combloient d'éloges, l'ont poursuivi de leurs outrages. Ces messieurs ne pardonnent pas plus l'indépendance des opinions que l'impartialité de caractère : leur indépendance n'est que révolte, et leur impartialité qu'exclusion.

Voici donc ce que dit M. Cottu :

« Supposons pour un instant que les républicains s'allient » avec les buonapartistes pour renverser la dynastie, et que, » maîtres des journaux, ils s'accordent à porter à la chambre

» des hommes de leur choix, qu'ils auroient soin de présen-
» ter aux électeurs comme les partisans les plus passionnés
» de l'égalité, *autre chimère* des temps modernes, n'est-il
» pas évident que, dans un temps très-court, et qu'il ne
» seroit peut-être pas impossible de fixer, ils obtiendroient
» la majorité dans la chambre des députés ; que cette majo-
» rité leur donneroit le ministère ; qu'alors il leur seroit
» facile de placer leurs adhérens à la tête de l'armée et de
» l'administration (1), et que bientôt les choses en vien-
» droient au point qu'il suffiroit d'une simple proclamation
» de la chambre des députés, au peuple et à l'armée, pour
» abolir une seconde fois la royauté ?

» La chambre des pairs, dira-t-on, saura bien arrêter ces
» mouvemens ; mais la chambre des pairs est-elle elle-même
» un pouvoir de l'Etat (2)? Possède-t-elle de grandes proprié-
» tés territoriales ? est-elle investie de prérogatives qui la
» mettent en rapport avec les autres classes de la société ?
» Où sont donc les élémens de sa force et de son influence ?
» Si, pendant un instant, elle a jeté quelque foible lueur sur
» l'horizon politique, c'étoit l'effet d'un éclat emprunté, et
» qu'elle devoit tout entier à son opposition à un ministère
» qui étoit devenu l'objet de la haine publique. Par elle-
» même, la chambre des pairs n'est rien et ne peut rien (3);
» ni l'armée ni le peuple n'écouteroient sa voix. Quelle ré-
» sistance a-t-elle opposée en 1815 à l'invasion de Buona-
» parte? Quels autres moyens de résistance a-t-elle acquis
» depuis? Est-il un seul de ses membres qui, levant quel-
» que part sa bannière, pourroit amener seulement dix
» hommes au secours de la couronne ou de la liberté (4)?

» Le jour, *et ce jour n'est pas loin,* où la révolution aura
» définitivement établi son empire dans la chambre des dé-
» putés, *il ne sera plus permis à la chambre des pairs d'avoir*
» *une opinion qui lui soit propre; et si jamais elle s'avisoit*
» *de rejeter une loi qui auroit été adoptée par la chambre des*
» *députés, on se serviroit contre elle des mêmes moyens de*
» *coaction qui furent employés contre Louis XVI chaque fois*

<hr>

(1) Voilà pourquoi on demande au ministère tant de destitutions.
(2) C'est selon qu'elle a de l'esprit de corps, ou qu'elle n'en a pas.
(3) Elle pourra beaucoup quand elle le voudra.
(4) La force ne doit pas être dans les membres, mais dans le corps.

» *qu'il voulut opposer son veto aux décrets de l'Assemblée*
» *législative.*

» Il ne faut pas se flatter d'ailleurs qu'aucune pensée
» d'innovation ne puisse jamais se glisser parmi les membres
» de la chambre des pairs. Je ne veux accuser les sentimens
» d'aucun d'eux; mais combien n'y en a-t-il pas qui nour-
» rissent un ressentiment secret sous leurs manteaux d'her-
» mine, et qui s'indignent du rang secondaire auquel ils sont
» descendus! Combien d'autres se laisseroient séduire par
» l'illusion d'un nouveau pouvoir plus simple dans ses rap-
» ports avec les grands fonctionnaires destinés à l'approcher!
» Combien céderoient à l'espérance de concentrer ce pou-
» voir dans un petit nombre de familles illustres dont les
» leurs feroient partie ! »

La chambre des pairs a manqué, dans cette session, l'oc-
casion la plus favorable qui pût s'offrir à elle de conquérir
la seule popularité qu'il soit digne d'elle d'ambitionner auprès des hommes éclairés et vertueux, en rejetant les lois
désastreuses votées par la chambre des députés, en prêtant
de la force au gouvernement contre de fatales exigences, en
repoussant, ainsi qu'elle le devoit, tout ce qui a été ajouté
d'étrange au budget, et les amendemens sur la loi de finances
improvisés en courant, sans proposition du Roi, sans avoir
été communiqués à la commission ni aux bureaux; exemples
dangereux, contre lesquels s'est élevé avec force M. le duc
de Raguse, et où M. Pasquier *a vu une chambre entraînée*
par l'amour du bien public hors des limites d'une sage ré-
serve. Par un amour du bien public mieux entendu, il falloit l'y faire rentrer. Il y a toujours, pour un corps, beaucoup de considération à acquérir en combattant avec courage
pour la défense de grands intérêts, et ici la chambre des
pairs étoit assurée de la victoire. Quoi qu'en dise M. Cottu,
la chambre des pairs aura beaucoup de force quand elle appuiera la royauté, et s'appuiera sur elle.

« S'il ne peut exister, continue M. Cottu, de gouvernement
» constitutionnel sans la liberté de la presse, il n'en peut
» exister non plus avec la loi de la presse réunie à la loi ac-
» tuelle des élections, car avec ces deux lois *la royauté est*
» *impossible;* » et ailleurs il dit qu'avec notre système de
gouvernement, la censure préalable *est une des premières*
nécessités du trône.

Ce que dit ce magistrat de l'impossibilité de la royauté avec la liberté de la presse et la loi des élections, est l'avis unanime de tout ce qu'il y a en France et dans l'étranger d'hommes vraiment éclairés, amis de l'ordre et de leur pays; et il seroit fâcheux, disons mieux, il seroit honteux pour la chambre des pairs de se trouver, sur ces hautes questions, en contradiction avec le bon sens de toute l'Europe.

Mais si M. Cottu voit parfaitement les dangers qui menacent la monarchie avec l'ordre de choses actuel, il semble ignorer ceux qui menacent un bien qui nous est beaucoup plus précieux encore que la monarchie, et qui périroit infailliblement avec elle. Comme le parti révolutionnaire en France (car je ne pense pas que l'on pousse la niaiserie jusqu'à nier son existence), comme ce parti n'ignore pas que la religion catholique est le plus ferme appui de la légitimité, il veut changer à la fois, s'il le peut, la religion et la dynastie, et les libéraux, ces libéraux qu'un écrivain du *Conservateur* attaquoit sans relâche, lorsqu'ils étoient bien moins redoutables qu'aujourd'hui, tournent sans cesse leurs regards vers la révolution d'Angleterre de 1688, comme vers le but qu'ils s'efforcent d'atteindre. Ils ne font même plus mystère de leurs projets, et selon les circonstances, ils commenceroient par le schisme pour arriver à l'usurpation, ou par l'usurpation pour finir par le schisme. Il semble qu'ils trouveroient en ce moment plus de facilité et d'espoir de succès à commencer par la religion : de là ces violentes déclamations contre l'ultramontanisme, dont ils ont fait un épouvantail pour les esprits foibles et les ignorans qui oublient ce que disoit plaisamment le docteur Johnson, que *ceux qui crient de notre temps contre le Pape auroient crié au feu pendant le déluge;* de là ces attaques continuelles contre la religion, son chef, ses pratiques, ses dogmes, ses ministres, dont ils relèvent avec tant de complaisance les fautes et les foiblesses, lorsqu'ils ne les inventent pas; de là ces morts philosophiques, dont ils sont si fiers, et qu'ils imposeroient aux mourans même par force, s'il en étoit besoin; de là surtout ce redoublement de rage contre cette compagnie célèbre, le plus ferme rempart de la société contre les fausses doctrines qu'on veut y introduire... Et les pères de famille le savent bien, et un ministre du Roi le savoit aussi, lorsqu'à la session dernière il défendoit ces vertueux instituteurs à la tribune.... Heureux s'il les avoit défendus dans le cabinet avec autant de zèle, ou plus de succès!!!

Puisque j'ai cité M. Cottu, je me permettrai sur son dernier écrit quelques observations que je soumets à son jugement, et que je présenterai avec tous les égards qui lui sont dus.

Ce magistrat voit très-bien le précipice où l'on entraîne la monarchie : il fait à ce sujet les réflexions les plus justes, et ne nous épargne aucune vérité; mais les moyens qu'il propose pour éloigner le danger me paroissent impraticables, et, s'il n'en reste pas d'autres, il n'y a plus qu'à périr.

Comment, en effet, nous fera - t - on entendre, à nous qui avons vu tant d'électeurs et d'élections sans en être plus avancés, l'utilité et surtout la possibilité de cette machine d'élection si compliquée d'électeurs grands et petits, mobiles et en expectative, royaux ou populaires, tous héréditaires, tous *titrés?* Les royalistes y verront un système usé; les libéraux, un système de féodalité et de privilège.

La distinction des grands ou nobles et du peuple étoit fondée en raison et sur la nature même des choses, parce que les uns étoient occupés de services publics, les autres de travaux domestiques; que les uns avoient autorité dans l'État, les autres, moins avancés, seulement dans la famille. Aussi cette distinction se retrouve-t-elle partout où il y a des hommes et des sociétés, et elle s'est montrée même dans les îles de la mer du Sud que Coock a découvertes. Mais où est la raison de la distinction d'électeurs grands et petits, fixes ou mobiles, actuels ou *expectans,* entre des hommes tous occupés du même service public, du service électoral? et les petits, les mobiles, les *expectans* n'y verront-ils pas un privilège sans motif en faveur des autres?

Les moyens proposés par M. Cottu peuvent être un arrangement plus ou moins ingénieux, mais ne forment pas une institution durable.

Je m'attendois, je l'avoue, à une autre conclusion, et entrant, ce me sembloit, dans la pensée de l'auteur, mieux que l'auteur lui-même, après ce qu'il avoit dit des dispositions peu monarchiques de certaines professions, et de l'aristocratie territoriale comme la seule base sur laquelle les gouvernemens puissent être affermis, je croyois qu'il alloit proposer, pour faire des élections monarchiques et popu-

laires à la fois, de les confier à un collège unique par dé-
partement, composé uniquement de propriétaires fonciers,
et à l'exclusien de tous ceux qui retirent salaire ou profit
d'un service quelconque auprès des particuliers, et à l'exclusion encore de tous ceux qui occupent un emploi public
à la nomination du gouvernement.

M. Cottu veut certainement être juste envers tout le
monde, et je crois qu'il ne l'est pas envers les derniers ministres, et moins encore envers le clergé.

Il veut que ce soit le clergé qui ait perdu les ministres.
Est-ce pour l'avoir trop favorisé? Est-ce pour l'avoir négligé? Est-ce pour avoir appuyé ses prétentions ultramon-
taines? Cette dernière supposition ne pourroit que prêter à
rire à ceux qui ont connu les ministres un peu mieux que
ne les a connus M. Cottu, et à qui l'on voudroit persuader
que M. de Corbière, ancien avocat au parlement de Rennes,
est un ultramontain, ou que M. de Villèle, jeté dès l'âge de
treize ans, dans la carrière militaire, et depuis dans les
affaires publiques, est un théologien. Seroit-ce pour avoir
introduit des évêques dans la chambre des pairs, seule place
de l'ordre civil qui soit occupée par des membres du clergé?
Mais outre qu'il étoit décent et convenable que la chambre
des pairs réunît les chefs ecclésiastiques comme les chefs
militaires et civils, les évêques n'occupent pas encore dans
notre chambre des pairs le rang qu'ils occupent dans celle
d'Angleterre, et n'y forment pas un *banc* particulier; car,
en Angleterre, ce n'est pas à la personne, mais au siège que
la pairie est attachée, et elle l'est à tous.

Ce qui a valu aux ministres la haine implacable des libéraux, et qui les a perdus, c'est d'avoir repoussé par la force
publique des violences populaires ou des révoltes à main
armée, dont on attendoit des résultats décisifs, et surtout
d'avoir donné un milliard d'indemnité à la noblesse émigrée
et dépouillée, car on ne pardonne pas plus l'indemnité qu'on
ne pardonne l'émigration. La *déplorable* accusation n'a cependant pas osé parler de ce dernier grief, crainte de dé-
masquer aux yeux des royalistes dissidens des intentions
qu'il est prudent de tenir secrètes; et cette accusation qui
parle de tout, hors de ses véritables motifs, cette accusation
si hautement, si solennellement commencée, si misérable-
ment, si honteusement terminée, cette montagne en travail

qui a abouti à un enfantement si ridicule, n'a été qu'une longue mystification pour le public, et peut-être pour le *vénérable* accusateur lui-même.

Ce qui a perdu les ministres est la licence de la presse, arme terrible dont ils ont trop tard connu la portée ; elle en perdra bien d'autres, et je pense, comme M. Cottu, qu'avec la licence de la presse soudoyée et inspirée par le parti libéral, tout gouvernement religieux ou politique est *impossible*.

Car, il en faut convenir, c'est une terrible puissance que celle des journaux politiques. Un homme loue un local à placer ses bureaux ; il traite avec des marchands de papier et des imprimeurs ; il engage des rédacteurs, jeunes pour la plupart, et *frottés* de bel esprit et de littérature romantique, mais sans expérience des hommes et des choses ; il leur livre la religion, la politique, la morale, la société, le public, les particuliers, les ministres, le Roi lui-même. « Parlez de tout » et osez tout, leur dit-il, et régentez les peuples et les » rois ; livrez-vous aux conjectures les plus hardies, avancez » les faits les moins certains ; plus vous serez malins, mé- » chans ou frondeurs, plus vous serez lus : ne craignez rien ; » à côté de vous est le *bouc émissaire,* un éditeur fictif ou » gérant, responsable de toutes vos iniquités, payé pour » être puni à votre place, même corporellement. Allez dans » toute l'ardeur et la confiance de votre âge ; et fussiez-vous » seuls de votre avis, souvenez-vous que vous êtes... l'opi- » nion publique. »

Je le demande, n'est-ce pas ce que font depuis long-temps au milieu de nous quelques journaux, et ce que tous pourroient faire ? Où trouveroit-on quelque chose de plus absurde, de plus inconciliable avec la raison, avec le gouvernement, avec la tranquillité publique et le bon ordre de la société, dans les coutumes des peuples les plus barbares, même chez ceux qui serrent entre deux planches le cerveau de leurs enfans naissans ? et fausser à ce point le jugement des hommes est-il beaucoup plus raisonnable que de déformer le crâne des enfans ?

Et prenez garde que les journaux politiques, nés dans la guerre des partis, ne peuvent vivre que de la guerre. On ne lit un journal politique que pour y trouver pâture à la malignité, comme on ne va au spectacle que pour y voir le jeu et le combat des passions ; et le journal qui n'auroit que des leçons de sagesse et de modération à nous donner, n'auroit pas plus d'abonnés, que l'œuvre dramatique qui n'offriroit que des personnages vertueux, raisonnables, sans vices, sans passions, sans ridicules, n'auroit de spectateurs.

Il y a dans l'esprit d'hommes éclairés et judicieux sur beaucoup de points, et qui veulent être indépendans de tout esprit de parti, des préventions contre le clergé que l'on ne peut concevoir.

Comment ne voient-ils pas que cet *ultramontanisme,* tant reproché au clergé et en général aux fidèles de la religion catholique, n'est que le *papisme* d'Angleterre, dont on adoucit le mot, et qui y a produit à la fois des scènes si ridicules et des persécutions si cruelles? Cet ultramontanisme auquel on ne songeoit plus, a été mis à la mode par le même parti et dans les mêmes vues. M. Cottu ne veut pas de la religion de Rome : j'ignore quelle est la sienne; mais s'il est catholique, comment peut-il distinguer la religion de Rome de celle de Paris, de Vienne ou de Madrid? et ne voit-il pas que pour que la parole de celui devant qui tout genoux doit fléchir s'accomplisse, *fiet unum ovile et unus pastor,* il faut de toute nécessité un centre et un chef à la société religieuse qu'il a fondée, et qui a été dans la chrétienté le type et le modèle de la société politique?

Et comment se fait-il que la France, si fière de sa force, de sa prospérité, de ses lumières, soit tombée à ce point de pusillanimité et de foiblesse, que de redouter cette prétendue puissance de la cour de Rome, qui n'a pu défendre ses propres États et ses possessions les plus légitimes? cette prétendue puissance que Joseph II a *mandée* en Allemagne , que Buonaparte a emprisonnée en France, et que ne redoutent pas, qu'ont même rétablie chez eux les souverains de l'Autriche, de l'Espagne, du Portugal, de Naples, de la Sardaigne, et à laquelle la protestante Angleterre elle-même semble se montrer déjà plus favorable que le royaume *très-chrétien?*

Comment la France peut-elle redouter un clergé pensionné par l'Etat, et qui, loin de pouvoir faire l'aumône aux pauvres, est obligé lui-même de la recevoir des paroisses qu'il dessert, et où il n'est souvent regardé que comme le premier valet de la commune.

On ne parle que de modération, mais on place la modération dans les formes, dans des paroles mielleuses, dans des phrases faites avec art, et la violence dans les actes; et qu'y a-t-il en effet de plus violent que tout ce qui tend à ébranler la religion et à toucher à cette fibre si irritable du corps social? On croit cependant être modéré, même dans ses actes, et c'est alors que les plus modérés deviennent les plus violens, parce que, dans la préoccupation qui les aveugle, ils ne conçoivent pas qu'on se refuse à des mesures qui leur paroissent si justes et si modérées, et ils s'en irritent davantage contre les obstacles qu'ils rencontrent. J'ai entendu parler *modération* et avec sentiment à des hommes nommés à la Convention, et qui y sont devenus des plus violens et des plus fougueux.

Je crois sincèrement qu'on ne veut pas faire de martyrs, et qu'on seroit même bien fâché d'aller jusque-là; mais par une première démarche hors de la justice et de la vérité, on est entraîné plus loin qu'on ne voudroit, et l'on se trouve insensiblement engagé dans une voie de persécution, dont on ne revient ni quand on veut, ni comme on veut. D'ailleurs tous les martyres ne vont pas jusqu'à effusion de sang, et sans en répandre, on feroit verser bien des larmes aux mères de famille, et l'on feroit bien des maux et bien des malheureux. Déjà l'on a parlé de bannissement, déjà des pères ont banni leurs enfans hors de leur pays pour leur conserver le bienfait d'une éducation chrétienne. Mille autres suivront cet exemple; et n'est-ce pas un vrai bannissement hors de la société à laquelle on appartient, que de refuser, comme on l'a proposé, tout emploi public à des sujets élevés en pays étranger?

Pourquoi, je le demande, avoir rendu ces deux ordonnances, qui contristent les catholiques à proportion que les dissidens s'en réjouissent? N'y avoit-il pas en France assez de sujets de division? Ne pouvoit-on pas du moins ou consulter officiellement les évêques, ou *confidentiellement* le chef de l'Eglise? A-t-il paru si ennemi des tempéramens et des moyens de conciliation? Et quelle autorité, après tout, oppose-t-on ici à celle des premiers pasteurs? Je dirai comme le célèbre chancelier d'Angleterre Thomas Morus, qui eut l'honneur et le bonheur de verser son sang pour la cause de la religion : « Que sont Luther, Calvin (et j'ajouterai, Jansénius et tout Port-Royal ensemble), que sont les conseils des hommes et même les conseils des rois auprès du grand conseil de l'Eglise chrétienne? Il n'y a d'évident que son autorité, de vrai que ses maximes, de ferme et de bien lié que ce qu'elle lie et affermit. S'il y a dans sa discipline quelques abus, comme il y en a en tout ce qui demande le concours de l'homme, laissez-lui ses abus, ils sont moins dangereux que vos perfectionnemens politiques. »

C'est surtout à l'égard des Jésuites que M. Cottu s'est montré injuste et peu conséquent. Il commence par faire l'éloge le plus complet de leur système d'enseignement, et finit par leur interdire d'enseigner. Je ne peux me refuser au plaisir de transcrire ici ce qu'il en dit, et que je pourrois au besoin appuyer de ma propre expérience.

« Lorsque, dans l'espace de quelques années, les Jésuites
» sont parvenus à réunir dans leurs collèges un si grand
» nombre de jeunes gens, IL FAUT BIEN LEUR RECONNOÎTRE
» NON-SEULEMENT DES TALENS PARTICULIERS POUR L'ÉDUCA-
» TION DE LA JEUNESSE, MAIS ENCORE DES MOEURS PURES ET
» DES PRINCIPES DE MORALE A L'ABRI DE TOUTE CRITIQUE.
» Quelle que soit la fureur de l'esprit de parti, elle ne peut
» jamais aller jusqu'à porter des pères de famille à livrer
» leurs enfans à la corruption dans un intérêt politique.

» J'ai vu l'un des établissemens des Jésuites, et je dois ren-
» dre hommage à la vérité. Les Jésuites ont un art merveilleux
» pour capter la confiance de leurs élèves. Ils leur parlent et
» les reprennent avec une extrême douceur. Le nom de *pères*
» qu'ils en reçoivent semble leur en inspirer les sentimens.
» Leurs soins pour les enfans qui leur sont confiés ne se bor-
» nent pas à leur instruction; ils veillent encore sur leurs
» manières, leur langage, et s'étudient à leur donner de
» bonne heure le ton et le goût de la bonne compagnie.
» Leur sollicitude s'étend sur leurs jeux et leurs plaisirs.
» Dans les beaux jours d'été, ils les conduisent à la cam-
» pagne, leur font servir à dîner sous des ombrages touffus,
» à la vue de riantes prairies, et entretiennent leur gaîté na-
» turelle par la plus aimable familiarité. Rien enfin n'est
» plus touchant que le dévoûment absolu des maîtres, et la
» reconnoissance naïve de tous ces jeunes enfans pour les
» soins dont ils sont l'objet ».

Lorsque M. Cottu rend un hommage si complet à l'habileté des Jésuites pour l'éducation de la jeunesse, il s'accorde entièrement, et je l'en félicite, avec le chancelier Bacon, qui

les proposoit pour modèles, et disoit d'eux : « Dès qu'il s'agit
» d'éducation, le mieux est de consulter les Jésuites, il n'y a
» rien qui les vaille ; » *consule scolas Jesuitarum, nihil enim
his melius*. Quel éloge de la part d'un homme d'Etat protes-
tant, philosophe et anglais ! On se sent un peu soulagé, lorsque l'on peut opposer de si grands noms à des déclamations
si usées et des préventions si déplorables.

Une remarque importante n'a pas échappé à l'auteur,
mais il n'en a pas connu lui-même toute la portée. Il dit que
le nom de *pères* que les enfans, chez les Jésuites (comme
au reste dans toutes les congrégations religieuses ensei-
gnantes), donnent à leurs maîtres, semble communiquer à
ceux-ci des sentimens paternels, comme aux élèves ceux
d'une obéissance filiale. C'est que effectivement le jeune
homme n'obéit sans contrainte et sans bassesse qu'à celui
qu'il peut appeler *mon père* ou *mon général,* preuve évidente
que la douceur de la discipline religieuse convient autant
au premier âge, que la sévérité de la discipline militaire au
second. La civilisation d'un peuple tient plus qu'on ne pense
à la douceur de la première éducation, et les peuples barbares
donnent à leurs enfans l'éducation la plus dure, pour les
former à l'amour du pillage et à la haine de leurs semblables.

Croiroit-on qu'après cet éloge, M. Cottu ne veut pas qu'on
laisse entre les mains des Jésuites l'éducation de la jeunesse (1)?

Un singulier reproche qu'il fait à leur système d'enseignement est que les études classiques ne sont pas aussi fortes
dans leurs collèges que dans ceux de l'Université. Cela peut
être, on pouvoit faire le même reproche aux collèges de
l'Oratoire, et je crois cependant qu'il est sorti de bons sujets et des hommes de mérite des uns et des autres.

Il résulte de tout ce que dit M. Cottu à la louange des
Jésuites, et de la préférence qu'il donne aux études classiques de l'Université, qu'il y avoit plus d'éducation chez les
Jésuites, et plus d'instruction classique dans les collèges
royaux. L'instruction fait des savans de ceux à qui la nature
a départi des talens, et malheureusement beaucoup trop de

______

(1) Si l'on pouvoit rire en un sujet si grave, on pourroit trouver que cette
conclusion ressemble à celle de ce personnage d'une comédie : *Voilà qui est à
merveille, touchez là.... vous n'aurez pas ma fille.*

demi-savans de tous les autres. L'éducation fait des hommes, et ce sont des hommes qui nous manquent; et puis que sait-on quand on sort du collège, même le meilleur? A peu près rien, et l'on a assez profité, si l'on a appris à apprendre. Je ne suis pas même éloigné de penser qu'un bon système d'éducation développe le génie naturel plus tôt qu'un vaste et complet système d'instruction. Les hommes les plus forts dans les sciences ont dû beaucoup plus à leurs disposi-tions naturelles qu'à l'instruction : il ne faut pas tant d'art pour seconder la nature. A force de tout apprendre, l'esprit se rend paresseux, et ne peut plus inventer. Les instituteurs des Bacon, des Descartes, des Pascal, des Bossuet, des Leib-niz, des Newton, comparés à leurs illustres élèves, étoient peut-être des hommes ignorans autant qu'ignorés.

Une des causes que M. Cottu assigne à la foiblesse des études classiques chez les Jésuites, toujours par comparai-son à celles qui se font dans les collèges royaux, est la douceur dont ils usent envers leurs élèves. C'est à mes yeux, je l'avoue, la perfection de l'enseignement, et pour les pa-rens un puissant motif de préférence. Je suis porté à croire que le travail excessif imposé aux enfans dans les collèges royaux, et surtout dans les écoles spéciales, épuise, dessè-che le cerveau, affoiblit le corps des jeunes gens, et les pré-dispose à ces fièvres cérébrales si communes à cet âge. La physiologie et même la morale pourroient trouver d'autres inconvéniens à ces études si longuement sédentaires. Il me semble que l'ancienne Université de Paris avoit, dans ces derniers temps, fort négligé l'étude du grec, que nos pre-miers révolutionnaires, grands *Grecs,* comme les premiers réformateurs allemands, ont remise à la mode, et pour impo-ser au vulgaire par cette apparence scientifique, et peut-être aussi en haine de la religion et pour faire tomber l'étude du latin, spécialement consacré à son culte. Rien cependant ne fatigue plus les enfans que l'étude du grec, rien n'est plus inutile à la plupart des hommes, et n'est moins usuel. On ne citeroit pas du grec dans une compagnie d'hommes instruits comme on cite du latin. On n'en citeroit pas à la tribune, même en Angleterre où l'on y cite du latin plus fréquemment qu'en France, et les jeunes gens sortent du collège en sachant très-peu de grec, et moins de latin qu'autrefois.

La suppression des maisons des Jésuites a été provoquée

par des exigences qu'on n'oseroit avouer, et auxquelles on n'a pas eu le courage de résister, et elle l'a été impérieusement par ces hommes perfides dont M. Cottu a dit : *Détestables sophistes, effrontés imposteurs, ne les a-t-on pas toujours rencontrés là où il y avoit quelque tyrannie à exercer?* Ils ont trouvé une nouvelle mine de tyrannie à exploiter dans les collèges des Jésuites, et la plus dure de toutes, celle qui persécute les pères dans leurs enfans, peut-être les enfans à cause des pères..., et les hommes religieux dans leur conscience. Je ne crains pas de le dire, cet acte monstrueux d'oppression, s'il s'accomplit, déshonorera la France aux yeux de l'Europe, qui fera la comparaison des partisans des Jésuites et de leurs adversaires, du mal que fera leur expulsion et des avantages qu'on en attend. La première expulsion des Jésuites fut une vengeance des Jansénistes contre la compagnie de Jésus ; la seconde est une conspiration des athées contre Jésus-Christ lui-même, car, il ne faut pas se le dissimuler, l'impiété poursuit en eux jusqu'à leur nom.... La première nous a valu la révolution ; mais nous avions pour complices l'Europe, la magistrature, la papauté elle-même forcée de céder à la violence. La seconde sera notre ouvrage, et à nous seuls ; car l'Europe s'en est lavée en les rétablissant. Malheur à la France, si ce grand scandale se consomme ! Un jugement sévère sera porté contre elle, si même, à voir ce qui se passe, il n'a pas déjà commencé.

Ecoutons ici un journal qui n'est pas suspect, un journal doctrinaire ou libéral, ou plus que cela, si l'on veut, rédigé par des hommes d'esprit et de savoir, qui raisonnent au moins, quand les autres déclament, et se montre aussi impartial que ses opinions lui permettent de l'être.

« Pour les Jésuites, dit le *Globe*, s'ils sont tels que vous
» les croyez, l'obligation sera de peu ; ils prêteront tel ser-
» ment que vous voudrez, sous restriction mentale (1). Et si,
» par hasard, ils y tiennent, voilà une étrange règle imposée
» au pays ! *C'est la loi du* TEST *de l'Angleterre, et comment
» imposée!* Ce mot de congrégation, qui ne signifie pas cor-
» poration, qui ne rappelle aucun des engagemens des an-
» ciennes communautés religieuses, aucun des droits que

(1) On sait cependant qu'en 1762 ils préférèrent le bannissement au serment qu'on leur demandoit.

» notre vieux régime leur conféroit, ce mot seul de congré-
» gation couvre un crime, emporte une incapacité civile....!
» En vérité, nous n'y concevons rien ; C'EST FAIRE DE L'AB-
» SURDE POUR LE SEUL PLAISIR D'EN FAIRE, c'est créer un
» antécédent *déplorable,* c'est renouveler les billets de con-
» fession, les déclarations de civisme ; c'est commander l'hy-
» pocrisie, le mensonge, et le commander sans nécessité : car
» d'après la loi, le monopole de l'instruction vous étant délé-
» gué, le choix, la nomination, ou tout au moins, en matière
» ecclésiastique, l'agrément des directeurs et des maîtres
» d'école vous appartient, vous êtes libres de faire vos enquê-
» tes comme vous l'entendez, de repousser ou d'accepter tel
» ou tel sans donner de motifs. Dès là que vous restez fidè-
» les à la loi et aux conditions qu'elle vous a imposées, vos
» décisions ne relèvent que de l'autorité du Roi qui vous
» nomme ses ministres, et des chambres qui vous donnent
» des subsides ou vous les refusent, suivant que la direction
» que vous suivez leur plaît ou leur déplaît. *Pourquoi donc*
» CETTE INUTILE ET ODIEUSE PERSÉCUTION ? »

On n'a jamais rien dit de plus fort contre les dernières
ordonnances, et certes les évêques à cet égard sont bien loin
du *Globe! Faire de l'absurde pour le seul plaisir d'en faire....!
créer des antécédens déplorables! renouveler les billets de con-
fession, les déclarations de civisme! commander l'hypocrisie,
le mensonge....! et recommencer une odieuse persécution!!!*
voilà comment sont qualifiés ces actes déplorables par ceux
qui se disent les nouveaux amis du ministère, et qui, au
moins en cette circonstance, se sont montrés moins ses ennemis que ceux qui le poussent à sa ruine, en le flattant avec
tant de perfidie (1). C'est donc au parti libéral qu'on sacrifie
la religion catholique. Je dis la religion, car plus que jamais
la forte institution des Jésuites lui étoit nécessaire, et plus
que jamais on auroit dû s'abstenir de la présenter au peuple

____

(1) L'auteur avoit raison d'appeler les rédacteurs du *Globe,* les nouveaux
amis du ministère; car on lisoit, il y a peu de jours, dans ce journal, au sujet
d'un article de la feuille ministérielle relatif aux demandes nombreuses de destitutions par le parti libéral, la phrase suivante : « Le journal ministériel a
» publié sur les changemens nécessaires dans le personnel de l'administration
» *un article auquel nous n'avons rien à reprocher; c'est l'expression de*
» *notre opinion.* »

(Note de l'éditeur.)

comme inutile ou odieuse. Cette foiblesse aura, pour la France, des suites désastreuses, et sera un jour, pour les ministres, une source de regrets amers; et ce n'est pas une voix ennemie qui leur adresse ces paroles, et moins encore une voix ennemie de la monarchie, de la prospérité de la France, de sa dignité et de son repos.

Mais est-ce sérieusement que l'on croit que le parti libéral peut gouverner la France? Il y a sans doute dans les libéraux des hommes d'esprit, et je serai plus libéral moi-même envers eux que cet écrivain fameux qui ne leur en accordoit qu'*un seul :* je connois parmi eux aussi de fort honnêtes et même de fort bonnes gens. Mais considéré comme un parti, avec ses doctrines et ses engagemens, il est incapable de tout ce qui demande de la sagesse, de la justice, de la modération surtout; il prend ses préjugés pour de la force d'esprit, et ses passions pour de la force de caractère. Démocrates sous la monarchie, tous sous la démocratie voudroient être monarques, et une fois en possession du pouvoir, ils n'en ont jamais fait, ils n'en feront jamais qu'un instrument de tyrannie et d'oppression. Les meilleurs d'entre eux, ceux qui sont libéraux de théorie et sans ambition personnelle, cherchent en politique la pierre philosophale, et, comme les alchimistes, ils se ruineront sans la trouver, et ruineront ceux qui auront la simplicité de les croire et de les aider. Que peut-on penser des lumières politiques d'un parti dont le coryphée publioit sous le Directoire, le plus foible des gouvernemens, une brochure sous ce titre : *De la Force du gouvernement actuel?* Le lendemain, Buonaparte souffla sur le gouvernement *actuel,* et il disparut.

Les ordonnances ne sont pas seulement contraires à la religion (et nous pensons que le sentiment unanime des évêques est bien de quelque autorité à cet égard), elles sont dans ce moment au plus haut degré impolitiques. La prudence ne permet pas de développer ce qu'elles ont, sous ce rapport, d'imprévoyant, et je ne peux que renvoyer le lecteur à l'écrit répandu à Paris sous le titre de *La dernière Heure des Turcs,* et qui y a fait beaucoup de sensation. Si les ennemis naturels de la France avoient voulu la troubler au dedans et lui nuire au dehors, ils n'auroient pu mieux faire. Ils n'ont assurément pas inspiré nos ministres, mais ils ont parmi nous des amis bien ardens et bien rusés. Au reste, nous ne cesserons de répéter cet argument, qui ne sauroit s'user : Les vieux et les nouveaux révolutionnaires se sont réjouis de ces ordonnances, les gens de bien s'en sont affligés; donc elles sont mauvaises.

M. Cottu, dont je me suis un peu écarté, n'accuse pas du moins les Jésuites de régicide ; et certes il faut aux journaux qui produisent sans cesse cette accusation, une prodigieuse effronterie pour accuser de régicide un corps que Henri IV, Louis XIII, Louis XIV, Louis XV ont honoré de leur affection, que tous les souverains catholiques viennent de rétablir dans leurs États, et que tolèrent même des souverains protestans. Et l'effronterie de cette accusation est d'autant plus révoltante, que ceux qui se la permettent n'ignorent pas que Voltaire lui-même a pris soin de justifier les Jésuites, lorsqu'il dit, dans son *Règne de Louis XV*, que Damiens (ou plutôt la faction dont cet autre Louvel n'étoit que l'instrument) assassina le Roi, parce qu'on croyoit qu'il vouloit rétablir les Jésuites... Que l'on se donne la peine de réfléchir un peu sur toute la portée de ces paroles.... Mais il faut rendre justice aux libéraux : s'ils accusent les Jésuites de vouloir tuer les rois, ils ne sont certainement pas assez niais pour le croire. Ce que M. Cottu dit de la royauté fait autant d'honneur à son esprit qu'à son jugement; mais pourquoi revient-il sans cesse sur cette opinion de *droit divin* de la royauté, qu'il accuse le Pape d'avoir vendue aux rois? On ne conçoit pas cette méprise de la part d'un écrivain philosophe. Le droit divin de la royauté sur les sujets n'est pas autrement divin que celui d'un père sur ses enfans, d'un maître sur ses domestiques, de tout chef d'un gouvernement ou d'une société sur ses subordonnés; mais le pouvoir public, le pouvoir sur la grande famille de l'État est plus auguste et plus important que le pouvoir d'une famille particulière; les atteintes qu'on lui porte produisent de bien plus grands désordres, et c'est ce qui fait qu'on a plus particulièrement parlé de droit divin en l'appliquant à la royauté. Ce droit divin est le droit naturel (car naturel ou divin sont la même chose), c'est-à-dire le moyen d'ordre établi dans la société pour sa conservation par l'auteur de la nature; et jamais personne n'a imaginé que ce droit divin soit l'effet d'une révélation particulière ou d'une inspiration surnaturelle. Il y a même une grande inconséquence à avancer,

d'une part, que les papes aient établi le droit divin de la
royauté, et de l'autre, qu'ils veuillent se mettre partout à
la place des rois. Le pouvoir, dit saint Paul, est « le minis-
» tre de Dieu pour faire le bien; mais on doit le craindre, si
» l'on fait mal, car ce n'est pas en vain qu'il est armé du
» glaive : » *minister Dei in bonum ; si autem malum feceris,
time, non enim sine causa gladium portat.* Voilà toute la
théorie du droit divin ; elle s'applique au pouvoir domesti-
que, judiciaire, militaire, comme au pouvoir royal, au pouvoir de droit, et même au pouvoir de fait, lorsque le temps
et le besoin de repos pour la société l'ont consacré aux yeux
des peuples, et quand il protège les bons et punit les mé-
chans. *Omnis potestas à Deo,* dit le même apôtre.

Nous dirons, en finissant, que rien ne nous a plus frap-
pés que les alarmes exprimées par M. Cottu sur les dangers
que court la monarchie en ce moment ; et ses terribles aveux
sur la loi de la presse et des élections, qui rendent, dit-il,
la monarchie *impossible,* nous ont rappelé ce qu'écrivoit dans
le *Conservateur,* il y a neuf ans, l'auteur *de la Monarchie
selon la Charte :* « LE GOUVERNEMENT EST DANS LA FOULE
» ET N'EST PLUS DANS L'ÉTAT...... » Tout ce que nous avons
dit dans cet écrit est assurément beaucoup moins fort et
moins concluant que ces paroles, qu'il est bien autrement
important de rappeler aujourd'hui, qu'il ne l'étoit, même
alors, de les écrire...., et nous engageons les gouvernemens
à les méditer.

FIN.